Resolver problemas juntos

Antonio Sacre, M.A.

Asesoras de contenido

Jennifer M. Lopez, M.S.Ed., NBCT
Coordinadora superior, Historia/Estudios sociales
Escuelas Públicas de Norfolk

Tina Ristau, M.A., SLMS
Maestra bibliotecaria
Distrito Escolar de la Comunidad de Waterloo

Asesoras de iCivics

Emma Humphries, Ph.D.
Directora general de educación

Taylor Davis, M.T.
Directora de currículo y contenido

Natacha Scott, MAT
Directora de relaciones con los educadores

Créditos de publicación

Rachelle Cracchiolo, M.S.Ed., *Editora*
Emily R. Smith, M.A.Ed., *Vicepresidenta de desarrollo de contenido*
Véronique Bos, *Directora creativa*
Dona Herweck Rice, *Gerenta general de contenido*
Caroline Gasca, M.S.Ed., *Gerenta general de contenido*
Fabiola Sepulveda, *Diseñadora gráfica de la serie*

Créditos de imágenes: págs.6-9 Beth Hughes; pág.15 Danielrao/iStock; pág.17 Philip Scalia/Alamy; pág.19 Library of Congress [AER CA-298-AH-4]; pág.21 Torontonian/Alamy; pág.23 Ivoha/Alamy; todas las demás imágenes cortesía de iStock y/o Shutterstock

Library of Congress Cataloging-in-Publication Data

Names: Sacre, Antonio, 1968- author.
Title: Resolver problemas juntos / Antonio Sacre, M.A.
Other titles: Solving problems together. Spanish
Description: Huntington Beach, CA : Teacher Created Materials, [2022] | Includes index. | Audience: Grades 2-3 | Summary: "Some problems are easy to solve. Others are not so easy. When problems are big, lots of people have to work together to help solve them"-- Provided by publisher.
Identifiers: LCCN 2021039381 (print) | LCCN 2021039382 (ebook) | ISBN 9781087622644 (paperback) | ISBN 9781087623962 (epub)
Subjects: LCSH: Social problems--Juvenile literature. | Problem solving--Juvenile literature. | Social action--Juvenile literature. | Young volunteers--Juvenile literature.
Classification: LCC HN18.5 .S2318 2022 (print) | LCC HN18.3 (ebook) | DDC 306--dc23
LC record available at https://lccn.loc.gov/2021039381
LC ebook record available at https://lccn.loc.gov/2021039382

Se prohíbe la reproducción y la distribución de este libro por cualquier medio sin autorización escrita de la editorial.

5482 Argosy Avenue
Huntington Beach, CA 92649-1039
www.tcmpub.com

ISBN 978-1-0876-2264-4
© 2022 Teacher Created Materials, Inc.

El nombre "iCivics" y el logo de iCivics son marcas registradas de iCivics, Inc.

Contenido

Trabajar juntos 4
⭐Salta a la ficción:⭐
   El jardín seco 6
Tener un plan 10
¡Ayuda! Necesitamos agua 14
Ideas grandes 18
Hacer nuestra parte 25
Glosario 26
Índice 27
Civismo en acción 28

Trabajar juntos

Todos tenemos que enfrentar problemas. A veces los problemas son grandes. A veces son pequeños. A veces son fáciles de resolver. Una sola persona podría resolverlos. Otros llevan más trabajo. Podrían necesitarse más personas para resolverlos. Es importante pensar en maneras de ayudar. Trabajar juntos es un buen punto de partida.

Los residuos como estos son un problema.

Salta a la ficción

El jardín seco

Catalina y Mike caminan por el jardín de la escuela.

—¡Me parece que estas plantas tienen sed! —dice Catalina.

—Hace mucho tiempo que no llueve —responde Mike.

—Deberíamos darles agua —agrega Catalina.

Mike y Catalina se acercan a la manguera. ¡Está rota!

—Bueno, ese es un problema. ¿Cómo podemos regar las plantas si la manguera está rota? —pregunta Mike.

—¡Tengo una idea! —exclama Catalina.

Mike y Catalina se acercan a unos niños que están jugando al *tetherball*.

—Las plantas necesitan agua, pero la manguera está rota —dice Mike.

—Podemos hacer una fila de niños desde la fuente hasta el jardín —sugiere Catalina.

—Yo llenaré las botellas. Ustedes las pasarán por toda la fila —agrega Mike.

—¡Para eso se necesitan un montón de niños! —dice su amigo Hugo.

—Por suerte, ¡somos muchos! —dice Catalina con una sonrisa.

Tener un plan

Cuando hay un problema, lo mejor es pensar en un plan. Los planes nos ayudan a tener presente el objetivo. Aun cuando puedas resolver un problema por ti mismo, es bueno tener un plan. De esa manera, sabes qué hacer para alcanzar el objetivo.

Pedir ayuda

Todos necesitamos ayuda a veces. Por eso siempre está bien pedir ayuda.

Cuantas más, mejor

Piensa en un problema que hayas tenido. Tal vez olvidaste dónde pusiste un juguete. ¿Cómo lo encontraste? Probablemente hiciste un plan para buscar en distintos lugares. Ese es un problema fácil que puedes resolver tú solo.

Pero ¿qué sucedería si hubiera un problema más grande? Tal vez la cancha de baloncesto de la escuela necesite un piso nuevo. Se necesitaría la ayuda de más personas. Con los problemas grandes, cuantas más personas ayuden, ¡mejor!

Piensa y habla

¿Por qué puede ser más fácil resolver un problema si ayudan más personas?

¡Ayuda! Necesitamos agua

La **escasez** de agua es un gran problema para el que se necesita mucha ayuda. Algunos lugares tienen mucha agua. Otros lugares no tienen suficiente. Las personas deben pensar cómo obtener el agua que necesitan. Tienen que hacer muchas preguntas y crear un plan de ayuda.

En los desiertos llueve poco.

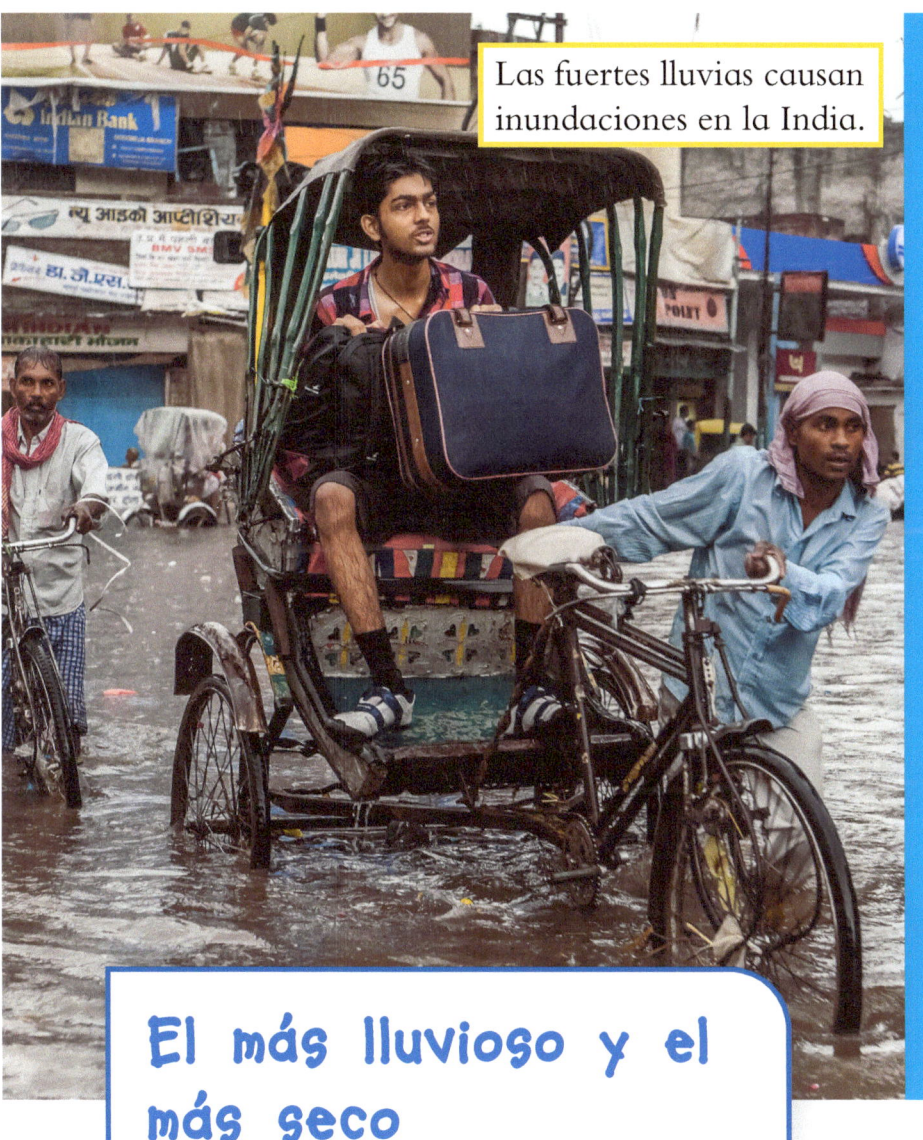

Las fuertes lluvias causan inundaciones en la India.

El más lluvioso y el más seco

El lugar más lluvioso del mundo está en la India. El lugar más seco es un desierto de Perú y Chile.

¿Cómo podemos ayudar?

Un plan para que todos puedan tener agua limpia requiere la ayuda de muchas personas. Hay que hacer una **lluvia de ideas**. Cuantas más ideas, mejor.

Algunas ideas son fáciles de poner en práctica. Por ejemplo, las personas pueden usar menos agua. Pueden cerrar el grifo cuando se cepillan los dientes o darse duchas más cortas. Si cada uno hace una pequeña acción, ¡eso ayudará mucho!

Barriles de lluvia

Los niños de esta clase están pintando un barril de lluvia. Los barriles de lluvia recogen y retienen el agua de lluvia. El agua se usa cuando se necesita.

Ideas grandes

¿Qué sucede cuando las buenas ideas implican mucho trabajo? Hay que planificar más para ponerlas en práctica. Podría haber muchos pasos. Incluso esas soluciones podrían costar mucho dinero.

Hay un par de ideas grandes para ayudar a resolver el problema del agua. Una de esas ideas es quitarle la sal al agua de mar. Eso es difícil de hacer. Y podría dañar al océano y sus animales. Otra idea es **filtrar** el agua sucia. Para eso se necesita mucho tiempo y dinero. Ninguna de esas ideas es perfecta ni fácil de poner en práctica.

Un hombre revisa un vaso de agua filtrada.

Piensa y habla

¿Por qué las personas trabajan mucho para resolver el problema del agua?

El sistema de **acueductos** de Los Ángeles lleva agua a la ciudad.

Ser creativos

Para resolver problemas grandes como la escasez de agua, hay que ser **creativos**. Las personas tienen que trabajar juntas para encontrar **soluciones**. Pueden pedirles ayuda a los científicos. ¿Es posible hacer que caiga lluvia de cualquier nube? ¿Las computadoras pueden ayudar?

Una científica toma una muestra de agua.

Los barriles de lluvia como estos de color azul son una manera de recoger agua.

El agua en la Antigüedad

Los romanos usaban canales especiales para el agua. Los llamaban acueductos. Esos acueductos se siguen utilizando hoy en día.

Mucho trabajo

Es posible que un estado use demasiada agua. Otro estado podría no tener suficiente. Todo el país podría tener que trabajar en conjunto para ayudar. Eso podría llevar mucho esfuerzo.

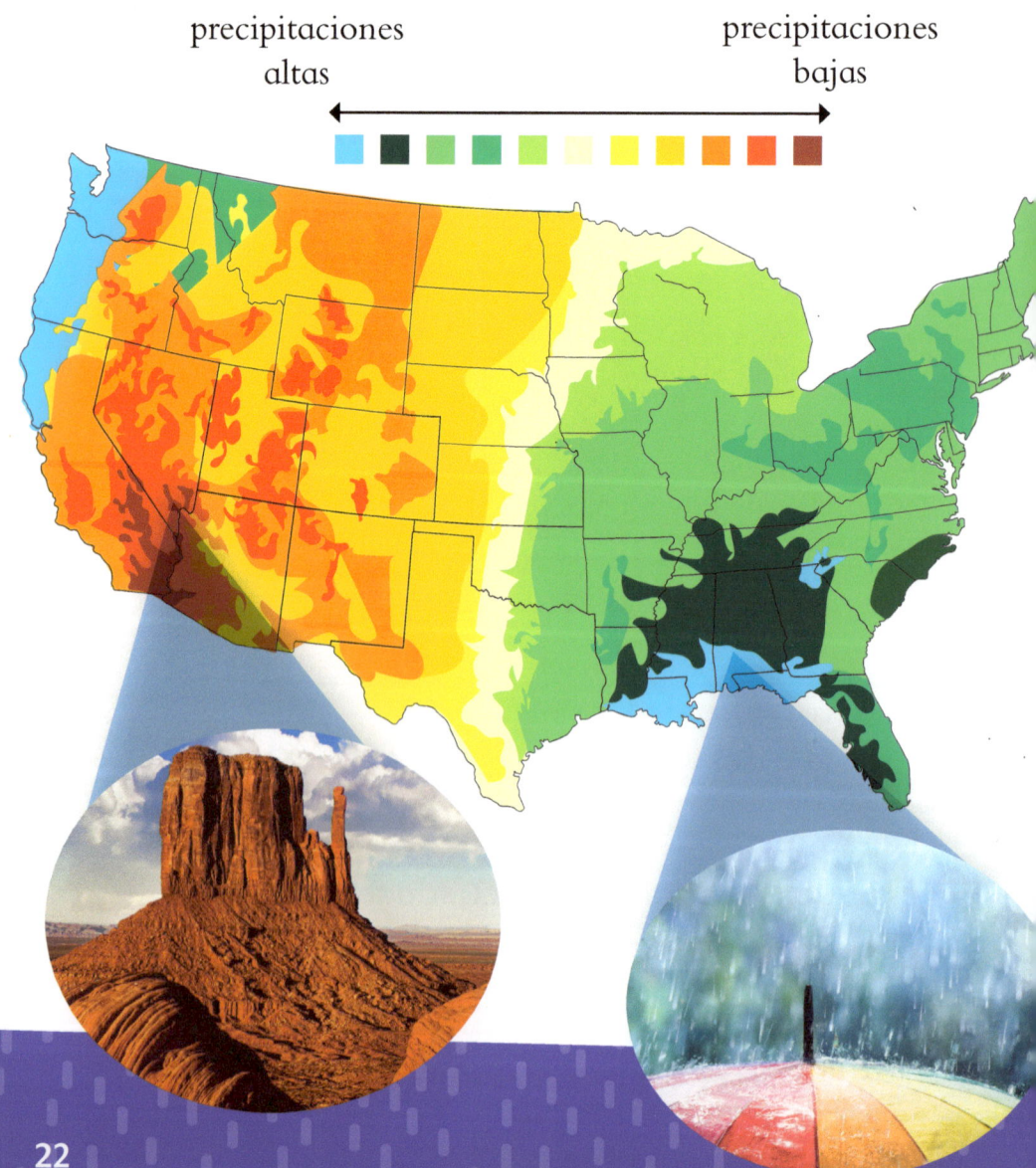

precipitaciones altas ← → precipitaciones bajas

Pero el problema podría ser aún más grande. Podría necesitarse incluso más ayuda. Por ejemplo, un país podría usar demasiada agua. Otro país podría no tener suficiente. Esto significaría que muchos países tendrían que trabajar juntos. Llevaría mucho esfuerzo. También tendría que haber buena **comunicación** entre los países.

El río más largo

El Nilo es el río más largo del mundo. Las personas de 11 países usan el agua que provee el Nilo.

Hacer nuestra parte

Piensa en el cuento de Catalina y Mike. Ellos ven un problema. Lo resuelven trabajando con otros. Juntos, ayudan a cuidar el jardín.

Una persona sola siempre puede ayudar. Pero cuando muchas personas trabajan juntas, pueden marcar una diferencia aún más grande. Todos podemos hacer nuestra parte para ayudar a resolver los problemas.

Glosario

acueductos: canales hechos por el ser humano que llevan agua

comunicación: diferentes maneras de compartir información con las personas

creativos: capaces de crear nuevas ideas

escasez: la falta de algo

filtrar: hacer pasar un líquido por una sustancia para limpiarlo

lluvia de ideas: la creación de muchas ideas

soluciones: respuestas a los problemas

Índice

agua de mar, 18

barriles de lluvia, 17, 21

Chile, 15

conservar, 17

escasez de agua, 14, 20

filtrar, 18

India, 15

lluvia de ideas, 16

Nilo, 23

Perú, 15

planificar, 10, 12, 14, 16, 18

romanos, 21

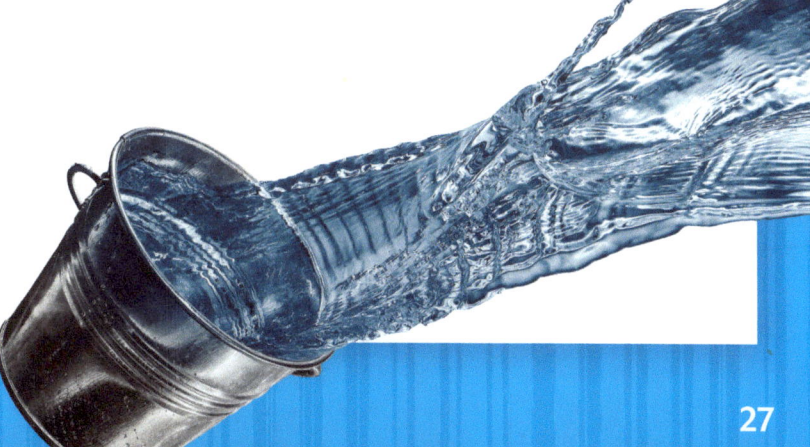

Civismo en acción

Mira a tu alrededor. Probablemente verás uno o dos problemas que necesitan solución. Haz una lluvia de ideas acerca de un problema que te gustaría resolver. Luego, sigue estos pasos.

1. Reúne a tu familia o a un grupo de amigos.

2. Comparte el problema con ellos.

3. Piensen en soluciones para el problema. ¡Cuantas más ideas, mejor!

4. Escojan una solución que puedan probar. ¡Trabajen en equipo para resolver el problema!

www.ingramcontent.com/pod-product-compliance
Lightning Source LLC
Chambersburg PA
CBHW041507010526
44118CB00001B/39